L'EMPRUNT ÉGYPTIEN

ET LES

CAPITALISTES FRANÇAIS

PARIS. — TYPOGRAPHIE LAHURE
Rue de Fleurus, 9

L'EMPRUNT ÉGYPTIEN

ET LES

CAPITALISTES FRANÇAIS

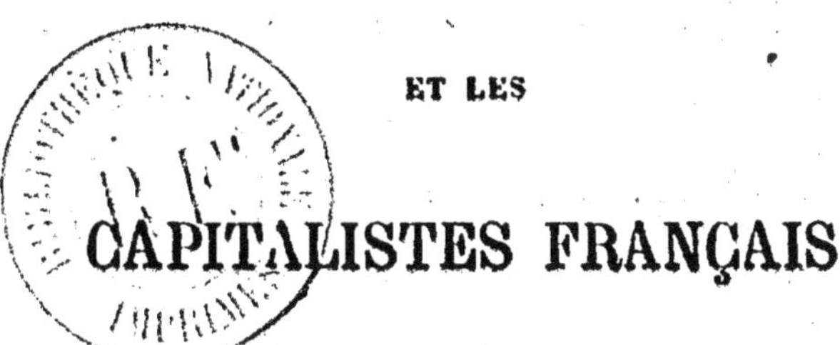

PARIS

AMYOT, LIBRAIRE-ÉDITEUR

8, RUE DE LA PAIX

1873

L'EMPRUNT ÉGYPTIEN

ET LES

CAPITALISTES FRANÇAIS

INTRODUCTION.

Au moment où l'Égypte se prépare à demander à l'Europe, et plus spécialement à la France, une somme de 625 millions pour consolider sa dette flottante, il convient d'examiner comment cette dette flottante a été créée, par quels agissements financiers les richesses de l'Égypte sont régies, quelles garanties morales et matérielles sont offertes aux prêteurs.

C'est ce travail que nous croyons d'utilité publique que nous allons entreprendre de résumer dans les quelques pages qui suivent.

CHAPITRE I.

LA COUPE SOMBRE.

Quand un propriétaire de forêts est embarrassé dans ses affaires et qu'au lieu d'abattre tous les ans le vingtième de

ses arbres, ainsi que le veut la culture forestière, il fait cou-
per le quart ou le tiers de ses bois, on dit qu'il pratique une
coupe sombre. Il réalise ainsi d'un seul coup le revenu de
plusieurs années, au détriment de l'avenir.

Tel est le spectacle que nous donne l'Égypte.

En vertu d'une grande combinaison élaborée par le Conseil privé et sanctionnée par le Khédive dans l'été de 1871, il
a été résolu qu'on anticiperait six années d'impôts pour
éteindre toutes les dettes de l'Égypte. Une institution spéciale, le Divan Mohabla ou Mokhabla, fut créée pour procéder
à cette opération, avec faculté d'émettre des traites qui seraient escomptées à des banquiers, et dont la couverture serait faite par les rentrées anticipées d'impôts.

Nous ne savons sur quels calculs était basée cette combinaison ; d'après les documents que nous possédons, le revenu
total de l'Égypte s'élèverait à 165 millions; en admettant qu'on
eût réalisé l'anticipation totale de six années, on n'eût re-
cueilli que 990 millions. Or la dette égyptienne, non compris
celle du Khédive, s'élève, en comptant la dette consolidée et
la dette flottante, à 1200 millions.

Mais en laissant de côté ce détail mathématique, nous voulons apprécier le caractère de cette opération, pour en déduire le système économique qui prédomine en Égypte.

Supposons qu'en France, un des pays assurément les plus
riches et les plus dociles à l'impôt, on demande aux fermiers
d'avancer six années d'impôt foncier. Cet impôt étant calculé
à environ 1/20 du revenu, c'est 6/20 ou près de 4 mois de
recettes que l'on enlèverait à l'agriculteur.

Il n'est pas difficile d'en conclure que la plupart seraient
dans l'impossibilité de payer, ou qu'ils réduiraient leurs cul-
tures; le résultat serait le même pour un impôt sur les sucres, on réduirait la fabrication; ainsi pour les tissus. Il se
produirait en même temps un renchérissement excessif du
prix de toutes choses qui rendrait impossible la constitution
de l'épargne.

L'Égypte vient de faire cette expérience, de telle sorte

que nous n'avons pas besoin de recourir à des hypothèses.

Les propriétaires ont été invités à verser une somme égale à six années d'impôt foncier. Or cet impôt, qui était en 1840 de 9,65 au minimum, et 15,80 au maximum par feddan ou demi-hectare, a été successivement porté à 19,25 et 38,40 : il a plus que doublé. En outre, par une disposition administrative plus ingénieuse que loyale, le feddan d'un demi-hectare ou 5,000 mètres s'est trouvé réduit à 4,200 mètres, ce qui fait qu'en réalité l'impôt a presque triplé.

Dans ces conditions, le ministre comptait sur 5,000,000 de feddans en culture, et, la moyenne calculée à 25,27 1/2 par feddan, l'avance de six années donnait une somme de 25,27 1/2 × 6 × 5,000,000 = 750,000,000 en nombres ronds.

De cette somme il fallait déduire un quart, pour les terres possédées personnellement par le Khédive et sa famille, ce qui réduisait à 550,000,000 le produit effectif.

Par contre, les propriétaires consentants obtenaient, en échange de leurs versements, un dégrèvement perpétuel de moitié de l'impôt. De sorte que, pour 550,000,000 perçus, le Gouvernement Égyptien servait indirectement, mais réellement, une rente de 45,833,333, soit 8,32 %.

C'était certes moins cher que les emprunts aux banquiers, si l'opération ne s'était compliquée de traites escomptées à ces mêmes banquiers. Seulement où était la probabilité que les propriétaires égyptiens pussent fournir cette somme énorme de 550,000,000 ? On compte en Égypte 5 millions d'habitants, c'était 110 fr. pour chacun. L'indemnité de 5 milliards exigée de la France, répartie entre tous les habitants, ne représentait que 139 fr. par tête ; qui eût été assez insensé pour la demander dans ces termes ?

Si l'on considère qu'en outre de l'impôt foncier, le propriétaire du sol paye pour le produit de ce sol, pour la plantation et le cheptel, la dîme sur les dattiers, 0,06 c. à 1 fr. 27 pour un mouton, 5 fr. 12 pour un chameau, on verra que le dégrèvement de moitié de l'impôt foncier laissait encore peser une lourde charge sur les propriétaires auxquels

on enlevait ainsi leur fonds de roulement. D'ailleurs, que va-
lait cette promesse de dégrèvement? Ne pouvait-elle pas être
retirée d'un moment à l'autre? Est-ce qu'on n'a pas vu des
terrains qui avaient été exemptés de la taxe jusqu'en 1856,
après que les propriétaires eurent dépensé de 125 à 175 fr. par
feddan pour les mettre en valeur, frappés d'un impôt variant
de 2,55 à 15,40 le feddan? Et nous voyons par là que la demande d'anticipation enlevait aux agriculteurs à peu près
un capital égal à celui qui est nécessaire pour mettre la terre
en valeur! Cette opération arrêtait donc pour longtemps
tout progrès de l'agriculture, si arriérée pourtant en Égypte;
elle ne procurait nullement la somme nécessaire pour con-
vertir les dettes. Elle reposait sur un mensonge, et constituait une hérésie financière. Qu'est-il arrivé? Que le Divan
Mohabla a reçu 105 à 125 millions au lieu de 550 millions;
qu'il a émis pour 300 millions de traites à diverses échéances
jusqu'en juin 1874, et que la valeur de la terre a baissé, dans
certains endroits, de plus d'un tiers. Comment trouverait-
elle acquéreur, lorsque de telles exigences fiscales se pro-
duisent, lorsque pour toute compensation on reçoit des pro-
messes sur lesquelles on ne peut compter, lorsque chaque
amélioration est l'occasion d'un accroissement d'impôt?

N'avons-nous pas raison de dire que le Khédive pratique
la coupe sombre sur ce beau domaine de l'Égypte?

Mais ce n'est pas tout. Soumis à ces dures conditions fiscales, le propriétaire égyptien, qui n'est qu'usufruitier, est
obligé de se soumettre à des exigences d'une autre nature.
Croit-on qu'il puisse tirer de sa terre les produits qui lui con-
viennent? En aucune façon. Les commerçants étrangers, cour-
tiers du Vice-Roi, décident, d'après la cote de diverses marchandises, que l'Égypte doit produire du coton, ou du sucre,
ou du blé. Et suivant cette décision, le matériel de culture
doit changer; les semences réservées sont vendues pour être
rachetées plus tard. C'est ainsi que pendant la grande guerre
américaine, l'Égypte fut plantée en coton, avec une telle
exagération que les fellahs faillirent mourir de faim, pendant.

qu'on leur achetait à bas prix le superbe coton asmouni, que le Vice-Roi revendait à ses marchands.

L'exportation du coton atteignit 624 millions de piastres turques, tandis que celle du blé n'était que de 56 millions. Plus tard, on pensa au sucre, dont l'exportation atteint déjà 37 millions. Quand on réfléchit à cette introduction de la culture industrielle dans un pays où les habitants ont conservé l'outillage du temps de Sésostris ou de Ramsès, on est tenté de se demander s'il n'y a pas un parti pris d'épuiser en quelques années tout ce qu'il possède de ressources et de vitalité. On dirait que, peu certain de réussir dans ses tentatives dynastiques, effrayé de la chute de souverains que l'on croyait solidement assis sur leurs trônes, le Khédive veut conjurer ce danger en rendant impossible à tout autre l'administration du domaine qu'il détient.

En réalité, la grande combinaison d'où naquit le Divan Mohabla a créé une nouvelle dette, sans amortissement des anciennes, et diminué de plus d'un tiers la valeur de la propriété foncière en Égypte, tout en retirant de la circulation des capitaux agricoles, déjà beaucoup trop restreinte, une somme suffisante pour la mise en valeur de 50,000 hectares de terres nouvelles.

CHAPITRE II.

LA COUPE RÉGLÉE.

Comment le Gouvernement Égyptien a-t-il été forcé de recourir à des mesures aussi désastreuses?

Ce n'est un mystère pour personne. De tous les États qui ont récemment fait appel au crédit public, l'Égypte est, avec la

Turquie, celui qui a le plus abusé de cette force, si féconde quand on la mesure, si redoutable quand on se laisse entraîner aux facilités qu'elle offre.

Non-seulement, depuis 1860, nous l'avons vu contracter une dette consolidée de 488,785,000 francs, alors que celle du souverain atteignait 222,795,250 francs, mais parallèlement l'État et le souverain créaient une dette flottante formidable, dans des conditions que n'aurait pas subi un particulier, sans s'exposer à l'interdiction judiciaire. 713 millions pour le Gouvernement, 162 millions pour le Khédive, sans compter les 125 millions environ perçus par le Mohabla, c'est en treize années un total de 1712 millions prélevés par l'Égypte sur les capitaux européens. Pour 5 millions d'habitants, c'est une dette de 342 fr. 40 par tête; et au taux où ont été contractés les emprunts, c'est une charge annuelle de 43 francs 10. En France, la dette s'élève à 18 milliards, exigeant 790 millions d'intérêts; c'est par tête 500 francs de dette, et 22 francs de charge annuelle. Le Français paye ainsi moitié moins que le Fellah !

On est arrivé à ce résultat par l'accord qui règne entre le Khédive et les banquiers cosmopolites établis à Alexandrie. Le système à suivre pour battre monnaie avec l'Égypte était bien simple, du moment où l'on n'avait pas à s'inquiéter de l'avenir du pays, mais seulement de la fortune personnelle du Khédive et de l'enrichissement des banquiers. Depuis l'avénement de Saïd-Pacha, qui entra le premier dans cette voie déplorable, l'Égypte emprunta à 20 pour 100, puis réduisit successivement ce taux jusqu'à 12 °/₀. Le ministre des finances a voulu cette année essayer de négocier à 11 pour 100, mais n'a pu réussir. De leur côté les banquiers trouvaient en Europe de l'argent en dépôt à 3, 4 et au plus 5 pour 100. L'écart constituait leur profit.

Bien peu de capitalistes se doutent qu'en portant leurs fonds en dépôt à une banque française, anglaise, autrichienne, italienne, ils les expédient en réalité par les voies rapides au delà de l'Océan ou de la Méditerranée; c'est cependant la réalité. Ils touchent leurs 3, 4 ou 5 pour 100 d'intérêt, tandis que les banquiers perçoivent 10, 12, 15 pour 100. Ce n'est pas que les banques en profitent beaucoup. Les banquiers réunis en syndicat fournissent, au Vice-Roi, des traites sur Paris ou Londres, traites qui sont escomptées au taux de la place par les banques dont ils sont administrateurs. Leur papier est jugé par eux-mêmes excellent, et ils se garderaient bien de se refuser leur propre signature. Trouver de l'argent en Europe à moins de 5 pour 100 et le prêter au Vice-Roi ou au Gouvernement Égyptien à 12 pour 100, telle est la seule habileté de ces financiers dont on veut nous faire un pompeux éloge, et qui se verraient forcés d'interrompre leurs opérations si une surveillance sérieuse était exercée sur les banques de dépôt, de manière à faire connaître la composition réelle de leurs portefeuilles.

Quand, les prêts ainsi accumulés, la dette s'élève à un chiffre trop élevé, et absorbe toutes les ressources disponibles des syndicats, on a recours à une grande opération, à un emprunt public. Alors le capitaliste européen donne un mandat sur son dépôt, sans s'imaginer que depuis longtemps son dépôt a reçu l'affectation qu'il croit lui assigner seulement ce jour-là. Des souscripteurs viennent se joindre aux clients. Les titres définitifs qui représentent des traites ou des bons à 12,50 pour 100 sont remis au public avec intérêt de 8 pour 100, et l'on recommence, entre les banquiers et le Khédive, un échange de valeurs à court terme, jusqu'à ce qu'on ait de nouveau atteint l'étiage de consolidation.

C'est ainsi que l'Égypte et le Khédive ont procédé de tout temps.

En 1868, lors du dernier et du plus important des emprunts du Gouvernement Égyptien, celui-ci s'était engagé, dans le contrat passé avec M. Oppenheim, à ne pas contracter d'autre emprunt pendant 5 ans à partir du 7 juillet 1868. Cet engagement ne concernait pas la Daïra ou trésor particulier du Vice-Roi, qui contracta en 1870 un emprunt de 164,750,000 francs. Mais si cet emprunt de la Daïra ne violait pas le contrat, n'a-

t-il pas été porté d'autres atteintes aux conventions passées ?
L'énumération des opérations traitées par le ministre des finances depuis cette date va nous prouver que ni le Gouvernement Égyptien, ni M. Oppenheim n'ont pas un bien religieux
respect pour cette clause qui ne semble avoir été formulée
que pour attirer les souscripteurs.

Voici les opérations traitées pour le Malieh, c'est-à-dire
pour le ministre des finances :

1° *Septembre* 1871. — Émissions de nouveaux bons du Trésor blancs à l'échéance de juillet 1873.   6,000,000

2° *Octobre* 1871.—Traité avec MM. Oppenheim
et la Banque Impériale Ottomane, comprenant
une conversion des bons à courte échéance,
contre des bons à long terme, au 1er août 1873.   50,000,000

3° *Octobre* 1871. — Émission de bons du Trésor bleus, échéances de juillet, septembre, novembre, décembre 1873   9,000,000

4° *Janvier* 1872.— Achat de traites sur Londres et Paris à trois mois, de divers, en escompte de reconnaissances nominatives et de
traites à 80 jours sur le Gouvernorat d'A-
lexandrie   11,250,000

5° *Mars* 1872. — Renouvellement de la pré-
cédente opération, avec escompte des reconnaissances et assignations de 2 à 6 mois . . .   21,300,000

6° *Mars* 1872.— Emprunt pour 6 mois à la
Banque Italo-Germanique, par l'intermédiaire
de la Banque Franco-Égyptienne, renouvelé
contre traites payables à Londres en mai et
juin 1873   25,000,000

7° *Mars* 1872.— Traité avec MM. Oppenheim
(participants : la Banque Impériale Ottomane,
l'Anglo-Egyptian Banking C°, la Franco-

A reporter.   122,550,000

Report.	122,550,000

Égyptienne), qui donnent en traites payables à Londres à l'échéance moyenne du 6 décembre 1873, contre des bons à court terme, et diverses valeurs **125,000,000**

8° *Juin* 1872. — Avec les mêmes banques, sans le concours de M. Oppenheim, pour le payement de traites émises à Constantinople, à court terme, contre traites sur Londres à 1 an, à 13 p. 100 l'an. **16,500,000**

9° *Septembre* 1872. — Même opération avec la Bank of Alexandria (*lim.*) à 13 p. 100. . . . . . **7,500,000**

10° *Septembre* 1872. — Même opération, toujours à 13 p. 100, avec MM. Rodocanachi et divers **5,150,000**

11° *Septembre* 1872. — Même opération avec MM. Lumbroso Pinto et Cie. **2,500,000**

12° *Octobre* 1872. — Même opération avec MM. Dervieu et divers **2,500,000**

13° *Novembre* 1872. — Emprunt à MM. Oppenheim, échéance 5 octobre 1873. . . . . **25,000,000**

14° *Novembre* 1872. — Emprunt à la Bank of Egypt à échéance moyenne de 9 mois. . . **3,750,000**

15° *Novembre* 1872. — Emprunt à la Banque Austro-Orientale, à la Franco-Égyptienne et autres, à 6 mois **7,500,000**

16° *Novembre* 1872. — Emprunt à la Bank of Alexandria, à 13 1/2 p. 100, en traites payables à Londres contre traites Mohabla **12,500,000**

17° *Décembre* 1872. — Emprunt à la Bank of Egypt, contre traites Mohabla à 1 an. . . . **3,000,000**

18° *Décembre* 1872. — Emprunt même espèce à divers **11,500,000**

19° *Décembre* 1872. — Emprunt à la Bank of

A reporter	345,050,000

Report.	345,050,000

Alexandria, qui remet des traites payables à Londres le 6 janvier, contre des traites payables à Londres en janvier et février 1874. . . 16,000,000

20° *Décembre* 1872. — Emprunt à M. Antoniadis sur traites de la Mohabla et de la Daïra. 3,500,000

21° *Janvier* 1873. — Emprunt à l'Anglo-Egyptian Banking C°, et la Banque of Alexandria (*limit.*), à 12 1/2 p. 100, sur traites Mohabla à un an, payables à Londres 12,500,000

22° *Janvier* 1873. — A M. Lumbroso Pinto et Cie, aux mêmes conditions 6,250,000

23° *Février* 1873. — Emprunt à la Banque Indo-Égyptienne, à 12 p. 100 50,000,000

24° *Mars* 1873. — Emprunt à la Banque Austro-Égyptienne, à 12 1/2 p. 100, règlement fin mars. 12,500,000

25° *Mars* 1873. — Emprunt à la Banque Indo-Égyptienne, à 12 p. 100 d'intérêt, règlement en mai et juin, contre traites à un an, dont 6,250,000 payables à Londres, et 25,000,000 à Alexandrie. 31,250,000

26° *Mai* 1873. — Emprunt à la Banque Aidé et Cie, à 12 p. 100, contre traites à un an . . . 3,750,000

480,800,000

A ajouter, pour intérêts, 58 millions environ, ci. 58,000,000

Total. 538,800,000

Ainsi, pendant la période où le Gouvernement Égyptien s'était engagé à ne pas contracter de nouvel emprunt, il a demandé, non pas au public, qui avait accepté au taux de 75 p. 100 et 7 p. 100 d'intérêt par an, le grand emprunt dit des Chemins de fer, mais à des banquiers qui lui demandaient 12 et 13 p. 100 d'intérêt, et parmi lesquels nous voyons figurer MM. Oppenheim eux-mêmes, 480,800,000 fr. Sans doute il faut déduire de ce chiffre les remboursements des opérations 4 et 5 pour 32,750,000 fr. Il n'en reste pas moins une somme de 506 millions, formant l'un des éléments de la dette flottante du Gouvernement Égyptien.

Il n'avait pas été introduit de clause suspensive du droit d'emprunt dans le contrat de l'emprunt du Khédive de 1870 : aussi voyons-nous la Daïra faire concurrence au Malieh pour ces opérations ruineuses.

Nous avons en effet :

1° *Novembre* 1871. — Emprunt à MM. Menasce fils et Cie, Catawi fils et Cie ; en règlement de compte courant, et en échange de papier sur Londres à trois mois, ils reçoivent des bons à l'échéance moyenne de huit mois, garantis sur le produit des sucres. 25,000,000

2° *Décembre* 1871. — Emprunt à l'Anglo-Egyptian Banking Company, et à MM. Oppenheim, aux mêmes conditions 25,000,000

3° *Juin* 1872. — Emprunt à l'Anglo-Egyptian Banking C°, et à MM. Oppenheim, comme provision pour le voyage de Constantinople, en traites sur Londres, à un an, du 15 août 1872, à 12,7/8 p. 100 25,000,000

4° *Novembre* 1872. — Emprunt à l'Anglo-Egyptian Banking C°, contre traites Mohabla 12,500,000

5° *Décembre* 1872. — Emprunt à la Banque Franco-Égyptienne, en traites à un an, et à, dit-on, 14 p. 100 15,000,000

6° *Février* 1873. — Emprunt à la Banque Indo-Égyptienne, la Banque Austro-Orientale

A reporter. 102,500,000

Report.	102,500,000
et Austro-Égyptienne, à 12 1/2 p. 100 d'intérêt, en traites à six mois.	2,500,000
	105,000,000
A ajouter, pour intérêts, environ 9,000,000, ci.	9,000,000
	114,000,000

C'est là un des éléments de la dette flottante de la Daïra ou trésor particulier du Khédive.

Comprend-on maintenant qu'après avoir emprunté près de 550 millions pendant une période qui devait s'écouler sans emprunt, le Vice-Roi ait accepté avec joie la combinaison que lui proposait son conseil privé, de prélever d'un seul coup six années d'impôt foncier, et d'escompter le résultat probable de cette extorsion par l'intermédiaire de ses usuriers habituels?

Il n'est pas venu un instant à l'idée ni du Khédive, ni du ministre des finances, ni du Conseil privé, ni des banquiers, qui, comme MM. Oppenheim et la Banque Franco-Égyptienne, escomptaient des traites du Divan Mohabla, que ces impôts prélevés par anticipation, étaient le gage sacré des emprunts qu'ils avaient antérieurement contribué à émettre, que la remise fallacieuse de la moitié de l'impôt, à ceux qui consentaient à verser par anticipation, réduirait d'autant la garantie de ces créanciers convoqués par eux. Que leur importait!

Ils recevaient 12 à 13 p. 100 sur les capitaux que leurs déposants leur confiaient à 3, 4 et 5 p. 100 ; il y avait des commissions de renouvellement, de bénéfices sur des fournitures : l'Égypte pouvait bien aller à sa ruine et les capitalistes européens à leur perte, pourvu que la dynastie des Oppenheim et celle des Lévy-Crémieux s'élevât sur cette terre, où Joseph inventa le monopole de l'accaparement.

CHAPITRE III.

LE NOUVEL EMPRUNT.

Il y a quatre mois au moins qu'on en parle.

Les négociations n'ont pas toujours été animées de la cordialité qu'on pourrait supposer entre gens qui découpent un gâteau. Le ministre des finances a d'abord tenu la dragée trop haute, et perdu ainsi un temps précieux. La panique qui a bouleversé la place de Vienne, est venue le surprendre au milieu de ces hésitations, et les banquiers ont profité de cet événement pour maintenir plus fermement que jamais leurs exigences. Puis les participants n'étaient pas d'accord ; à un moment donné, la Banque Franco-Égyptienne a paru devoir être exclue. Enfin tout s'est arrangé, et on n'attend plus que le moment favorable pour lancer sur les places de Paris, Londres, Vienne, Francfort, Amsterdam, etc., cette colossale émission.

Bien que tout fasse prévoir que le moment définitif n'est pas éloigné, rien de bien positif n'a encore été dit relativement au montant de l'emprunt, au taux auquel il sera offert au public, aux conditions et à la durée de l'amortissement. Cependant les journaux égyptiens sont ou mieux renseignés, ou moins discrets que les nôtres. L'un d'eux, *le Nil*, nous apprend que l'emprunt a été signé à Constantinople, dans la nuit du jeudi 12 juin. Il a été contracté au nom de MM. Oppenheim neveu et Cⁱᵉ, d'Alexandrie ; puis la maison Oppenheim Alberti et Cⁱᵉ et la banque Franco-Égyptienne de Paris, sont intervenues comme participantes au contrat. Derrière ces contractants, se placent en seconde ligne l'Anglo-Egyptian Bank, la Société Générale pour favoriser le développement du commerce et de l'industrie en France, la Banque de Paris et des Pays-Bas, le Crédit Lyonnais, et divers autres établissements du crédit français, ainsi que les institutions créées par eux et agissant en sous-ordre, comme le Crédit général Ottoman et Cie, etc.

L'emprunt est au nominal de 800 millions de francs, en 7 p. 100, dont 400 millions pris à forfait par les contractants, au taux de 75 à 7 p. 100, et le reste réservé à leur option, 400 millions, moyennant une avance de 100 à 125 millions à des époques désignées. 20 p. 100 des 400 premiers millions, soit 80 millions, doivent être payés en juillet, août et septembre, et le surplus à partir du 15 octobre.

Cet emprunt est-il réellement destiné à consolider la dette flottante, ainsi qu'on ne cesse de le répéter depuis qu'il en est question? Il paraît que nulle clause n'est inscrite dans le contrat qu'on puisse interpréter dans ce sens, et que le Gouvernement Égyptien agira suivant son bon plaisir, d'autant plus que les versements sont stipulés partie en numéraire, et non en titres représentant la dette flottante, bons du Malieh, traites Mohabla, acceptations et autres. Or nous connaissons trop le Gouvernement Égyptien pour croire qu'ayant ces espèces sonnantes, il s'en servira pour payer ses dettes. Mais ce n'est pas le moment de discuter ce point. Continuons donc à détailler l'économie de ce projet d'emprunt.

Les garanties spéciales qui lui sont affectées se composent :

1° Des revenus des chemins de fer de la Basse-Égypte.

2° D'une partie des rentrées du Divan Mokhabla, c'est-à-dire des anticipations consenties par les contribuables en échange de la réduction de la moitié de leur impôt foncier.

3° Des impôts du sel, personnel et indirects.

Cet emprunt dans ces conditions impose à l'Égypte une charge annuelle de 74 millions 1/2.

Cédé aux banquiers à 75 avec 7 0/0 d'intérêt, il constitue pour eux un placement qui doit se calculer ainsi :

Intérêts à 7 0/0 au taux de 75. . . . .   9,33 0/0
Prime de remboursement, 25 fr, en 30 ans,
valeur actuelle à 5 0/0. 12,50.   1,87
                                                  11,20

On voit que nous rentrons dans les taux ordinaires des emprunts contractés entre l'Égypte et les banquiers.

Pour le public l'émission aura lieu avec un écart de 10 à 11 0/0. Prenons le chiffre de 86, le placement pour le public devient :

Intérêts à 7 0/0 au taux de 86. . . . .   8,13 0/0
Prime de remboursement, 14 fr. en 30 ans,
valeur actuelle à 5 0/0. 7.   0,85
                                                  8,98
Le bénéfice des banquiers serait ainsi de. .   12,20 0/0
                                   moins. . .   8,98
                                                  4,02

Mais, il semblerait, d'après le journal égyptien, que nous avons déjà cité, qu'il est alloué par le Gouvernement Égyptien aux banquiers une commission de 1 1/2 0/0, ce qui élèverait leur bénéfice à 5,52 0/0, soit, sur 800 millions, 44,160,000 fr.

Voyons maintenant quelles déductions nous devons tirer de ces détails, les seuls qui nous paraissent jusqu'ici avoir un caractère de certitude, l'annonce officielle ne parlant pas du taux auquel l'emprunt a été concédé aux banquiers,

CHAPITRE IV.

LA DETTE ÉGYPTIENNE.

La dette Égyptienne, si nous voulons l'établir au point de vue des idées françaises, qui n'admettent guère qu'un souverain puisse avoir des engagements en dehors de ceux de l'État, surtout pour un chiffre semblable à celui de la dette du vice-roi d'Égypte, se divise en deux parties : l'une dont le service est fait par le Malieh ou ministre des finances, Trésor public, l'autre dont le service est fait par la Daïra, ou Trésor particulier du Khédive.

Entre ces deux institutions financières se place le Divan Mokhabla, qui reçoit les anticipations d'impôts, et émet des traites pour un chiffre considéré comme celui des rentrées probables, ce qui constitue une troisième dette que nous ajouterons à celle du Gouvernement Égyptien.

Voici le chiffre de ces dettes :

Dette du Gouvernement Égyptien.

1° DETTE CONSOLIDÉE.

1° *Emprunt* 1862. Fr. 82,345,000.

Émis par Saïd Pacha pour contribuer au percement du canal de Suez et au développement des chemins de fer et télégraphes électriques. Garantie spéciale, les revenus du Delta. Porte le nom d'Emprunt de la Banque de Saxe. Il a été

émis à Londres par MM. Fruhling et Goeschen,
au taux de 82 1/2, rapportant 7 0/0 d'intérêts.
L'amortissement en trente ans finit en 1892; il
est opéré par tirages semestriels à Londres
en janvier et juillet, et les numéros sortis sont
remboursables en mars et septembre, époque
du payement des intérêts. Il a été amorti
14,607,500 fr. et il reste dû   67,712,500

2° *Emprunt de* 1864. Fr. 142,605,000.

C'est le premier emprunt d'Ismaïl-Pacha. Il
a été contracté en vue de rembourser les
bons du Trésor émis par Saïd-Pacha pour
26,250,000 et pour venir en aide à l'agriculture. Garantie spéciale, les revenus de la
Basse-Égypte moins ceux du Delta. Contracté à
88 1/2 et émis à Londres à 90 fr. Intérêt
7 pour 100. Amortissement en quinze ans,
finissant en 1879, par tirages trimestriels en
février et août. Payement des numéros sortis
en même temps que les coupons d'intérêts en
avril et octobre. Il a été amorti 62,775,000 fr.
et il reste dû   79,880,000

3° *Emprunt de* 1866.

Le montant est de 7,500,000 fr. Il est garanti en capital et intérêts sur les chemins
égyptiens, et sera entièrement amorti le
15 janvier 1874.

Il reste dû :   12,500,000

4° *Emprunt* 1866. Cet emprunt dit aussi emprunt Mustapha, a été contracté par le Khédive avec MM. Oppenheim, pour le rachat des
biens de Mustapha-Pacha, et est garanti spé-
cialement sur ces biens; mais on le considère
généralement comme engageant la responsa-

A reporter.   160,092,500

Report.   160,092,500

bilité du Gouvernement. Cependant nous de-vons dire que quelques-uns le classent parmi les emprunts du Vice-Roi. Nous avouons ne pouvoir trancher la question ; toutefois nous nous rangeons à la décision des journaux égyp-tiens. L'Emprunt est de 50,070,000 fr. Il a été émis en novembre 1867 à Londres par la Banque Impériale, et à Paris par MM. Oppen-heim - Alberti, au taux de 90, rapportant 7 pour 100 avec amortissement en quinze ans, finissant en 1881: les tirages sont annuels, en octobre, numéros sortis payables en novem-bre, coupons au 22 novembre, 22 mai. Il reste dû   33,917,500

5° *Emprunt de* 1868, dit grand emprunt des Chemins de fer. Emprunt émis pour le retrait des bons du Trésor créés pour faire face aux dé-penses de l'insurrection crétoise[1]. Cet emprunt dont le montant est de 297,250,000 fr. est spé-cialement garanti par le revenu des douanes d'Égypte, le produit des écluses, de tous les affermages, des droits sur les immeubles, sur le petit bétail, sur les pressoirs à huile, et des droits de passage sur le Nil ; ensemble près de 30,000,000 de fr. pour une charge annuelle de 23,832,425 fr. Il a été émis à Paris, Londres, Amsterdam, Berlin, Francfort, Alexandrie, au

A reporter.   194,009,000

---

1. On lit dans le préambule du contrat : « Le Gouvernement Égyptien, dési-reux de retirer de la circulation les bons de toute échéance émis par le minis-tère des finances et l'administration des chemins de fer (à l'exception des bons dits des villages), s'est entendu avec MM. Oppenheim neveu et Cⁱᵉ pour les opé-rations de ce retrait. » Par une autre clause le Gouvernement s'engage à ne point contracter d'autres emprunts pendant cinq ans à partir du 7 juillet 1866, date de la dernière condition complémentaire du contrat.

Report. 194,009,000

taux de 75 pour 100 avec intérêt à 7 pour 100. L'amortissement a lieu en 30 ans, finissant en 1897, par tirages semestriels en avril et octobre. Les numéros sortis sont payés au moment de l'échéance des coupons, au 15 janvier et 15 juillet. Il a été amorti 12,250,000 fr. Il reste dû. 285,225,000

Total de la dette consolidée. 479,235,000

2° DETTE FLOTTANTE.

1° *Emprunts divers* dont nous avons donné le détail ci-dessus. 538,800,000

2° *Bons Azizieh,* émis en 1870, pour le rachat de tous droits et actifs de la Compagnie de navigation à vapeur l'Azizieh, et échéant de 1871 à 1877. Le montant est de 53,916,250 fr. Il reste dû 38,504,500

3° *Bons Malieh,* émis en 1870 et 1871 à l'échéance de 1873, déduction des payements et échanges 80,000,000

4° *Bons de conversion,* garantis sur les chemins égyptiens. 28,750,000

5° *Divers bons et traites* non compris dans les opérations de banque. 26,500,000

Total. 712,554,500

3° DETTE D'ANTICIPATION.

Nous portons ici les sommes reçues par le Divan Móhabla des propriétaires qui ont consenti à payer les six années d'impôts demandés en échange d'une réduction perpétuelle de moitié sur l'impôt foncier.   125,000,000

Le total de la dette Égyptienne devient ainsi :

Dette consolidée.	479,235,000
Dette flottante	712,554,000
Anticipations	125,000,000
	1,316,789,000

Dette du Khédive.

1° DETTE CONSOLIDÉE.

1° *Emprunt Halim-Pacha*, contracté par ce prince pour l'exploitation de son domaine privé, qui fut ensuite acheté par le Khédive, de sorte que la Daïra fut chargée de l'Emprunt. Le capital est de 7,500,000 fr. L'émission a eu lieu en 1864, au type de 8 pour 100. L'amortissement a lieu par tirages annuels finissant en 1879. Il reste dû   4,500,000

2° *Emprunt hypothécaire de la Daïra* (Vice-Roi) 1866. Il a été contracté avec l'Anglo-Egyptian Banking Company (*limit.*), pour 75,885,500 fr., valeur nominale, émis à Londres et à Paris au taux de 90 pour 100 et avec 7 pour 100 d'intérêts. Il est remboursable en quinze ans à partir de 1866, pour finir en 1888. Il reste dû   53,511,250

                         À reporter.   58,011,250

Report.   58,011,250

3° *Emprunt du Khédive*, hypothécaire, de 1870. Le capital nominal est de 178,571,500 fr. en 357,143 obligations de 500 fr. Il a été contracté avec l'Anglo-Egyptian Banking Cº (*limit.*) au taux de 70 p. 0/0 avec 7 0/0 d'intérêt annuel. L'amortissement a lieu en 20 ans, de 1870 à 1890 ; L'émission a eu lieu à Alexandrie, Paris et Londres à 79 1/4 p. 0/0.

Les garanties spéciales, qui sont les propriétés personnelles du Khédive, comprennent environ le quart de la propriété territoriale de l'Égypte. Il a été amorti 27,675 obligations ; il en reste 529,468, représentant 164,734,200

Total.   221,745,450

2° DETTE FLOTTANTE.

Les détails ne peuvent être précis à cet égard. Nous avons bien reconnu dans les opérations courantes de la Daïra avec les banquiers, 105 millions en y comprenant les intérêts ; mais cette somme est insuffisante ; et si l'on compte les bons, assignations, reconnaissances nominatives, traites d'agence à agence, traites sur Londres, etc., etc., on peut hardiment porter le chiffre de. 162,840,250

Le total de la dette de la Daïra serait donc :

Dette consolidée. 221,745,450
Dette flottante. 162,840,250

384,585,700

Et l'on arrive ainsi à établir le bilan des dettes Égyptiennes comme suit :

1° DETTE DU GOUVERNEMENT.

Consolidée...........................	479,235,000
Flottante...........................	712,554,000
Anticipations...........................	125,000,000

2° DETTE DU KHÉDIVE.

Consolidée...........................	221,745,450
Flottante...........................	162,840,250
	1,701,374,700
Et après réalisation du nouvel emprunt de	800,000,000
	2,501,374,700

La première conséquence de cet exposé, c'est que le nouvel emprunt ne peut suffire à consolider la dette flottante, en admettant que le Gouvernement Égyptien en ait la pensée. 800 millions à 75 0/0 ne font que 600 millions, et en déduisant la commission de 1 1/2 p. 0/0, 588 millions. Or la dette flottante s'élève à 712 millions 1/2. Il resterait donc 124 millions de dette flottante du Gouvernement, non compris les anticipations sur les impôts. Nous donnerons plus loin les raisons qui nous portent à croire que le Gouvernement Égyptien n'est nullement disposé à se servir d'une somme aussi considérable pour une œuvre aussi peu extraordinaire que le payement de ses dettes antérieures.

CHAPITRE V.

LES GARANTIES.

La première des garanties spéciales de cet emprunt, dont le service exigera 74 millions 1/2, c'est le revenu des chemins de fer de la Basse-Égypte.

Ce revenu s'élève a. 12,664,000

Il est encore engagé comme garantie de l'Emprunt 1866 ; mais comme il ne reste plus à amortir sur cet emprunt que 12,500,000 fr. et que cet amortissement sera terminé en Janvier 1874, on peut considérer la garantie comme libre.

Seulement qui garantit la garantie ?

Les chemins de fer Égyptiens sont la propriété de l'État, et en conséquence ils sont administrés par des fonctionnaires qui se soucient fort peu des intérêts du public. La lenteur et l'irrégularité des trains sont telles qu'on ne voyage que quand on y est forcé ; le transport des marchandises est soumis aux plus méticuleuses formalités. Le matériel est mal entretenu. Quand on aura fini cette exploitation à outrance de l'Égypte qui a malheureusement coïncidé avec l'ouverture des travaux du canal de Suez, n'est-il pas à craindre que les recettes ne diminuent, comme elles ont déjà fait lorsque le canal ayant été livré à la circulation, le chemin d'Alexandrie au Caire a perdu le transbordement des voyageurs, des marchandises et du charbon ?

Néanmoins, admettons cette garantie pour. 12,664,000

Il reste à trouver. 62,000,000

La seconde garantie consiste dans une partie des rentrées de Mokhabla. Or ces rentrées, ce sont les versements sur les anticipations consenties par les propriétaires, dans les conditions que nous avons plusieurs fois rappelées.

Depuis la décision prise dans l'été de 1871, sur les 550 millions qu'on attendait de ces rentrées, il a été réalisé 125 millions. Chacun sait que dans une semblable opération, c'est surtout au début que les adhésions arrivent, pour se ralentir de jour en jour. D'autre part, ces rentrées ne constituent pas un revenu, mais au contraire elles amènent comme conséquence forcée une diminution du revenu, puisque chaque propriétaire qui verse six années d'avance obtient remise de la moitié de l'impôt. En admettant donc que les 550 millions espérés fussent réalisés, on aurait :

Réalisation en capital.   550,000,000
Diminution du revenu à 45,833,333
    par an pendant 30 ans, durée
    de l'amortissement de l'em-
    prunt.   1,375,000,000

Si l'on veut accepter cela comme une garantie, ce ne peut être que comme une garantie de perte.

On objectera que puisque la grande majorité des propriétaires n'accepte pas, il ne faut pas calculer sur la totalité. Ne prenons donc que les rentrées effectuées.

Elles s'élèvent à.   125,000,000
Et comportent une diminution de
    revenu annuel de 10,415,000 fr.,
    soit pour 30 ans, durée de l'a-
    mortissement de l'emprunt. .   312,450,000

Encore faut-il remarquer que les 125 millions rentrés

n'existent plus; de sorte que la garantie se résume dans cette éventualité :

Rentrées éventuelles.   425,000,000
Perte sur le revenu qui en est la
  conséquence.   1,062,550,000

Nous ne pouvons d'ailleurs admettre ces rentrées que comme une ressource en capital servant à l'amortissement, de sorte que les deux premières garanties réunies nous donnent :

	GARANTIE.	
	Revenu.	*Amortissement.*
Chemins de fer, revenu certain. .	12,664,000	
Rentrées Mohabia, éventuel. . .		425,000,000
Reste à trouver.	62,000,000	375,000,000

Et le revenu de l'impôt foncier subirait une réduction de 35,518,000 fr. pendant les trente ans de l'amortissement, puisque la remise de moitié est perpétuelle.

La troisième garantie, qui doit nous fournir 62 millions d'intérêts et 375 millions d'amortissement, consiste dans le produit des impôts indirects. Comme pour le grand emprunt de 1868, dont le service annuel exige 23,832,425 fr., le Gouvernement Égyptien a déjà engagé le revenu des douanes de 11,072,476 fr., les recettes des écluses et fermages divers, de 5,823,000 fr., la rentrée des droits sur les immeubles et le menu bétail (?), le droit sur les pressoirs à huile, de 315,450 fr., le droit de passage sur le Nil (?), formant ensemble 30 millions ; comme l'amortissement de cet emprunt ne finit qu'en 1898, nous ne voyons plus de revenus indirects à engager que :

Les droits de quarantaine.   13,500
Les salines et lacs.   3,937,500
Papier timbré et droits judiciaires. . .   6,115,050
Revenus du domaine.   4,173,950
Revenus des Gouvernorats..   4,557,150
                                          ____
                                          18,797,150

Nous voici bien loin des 62 millions nécessaires. Cependant épuisons le budget, en ne laissant de côté que ce qui est trop visiblement impôt direct ; nous pouvons prendre encore :

Location de terres publiques.	672,525
Recettes nettes du Soudan.	2,250,000
Avec le total ci-dessus.	18,797,150
Nous avons.	21,719,675

Et en prenant l'excédant de garantie de l'emprunt 1868, le service de cet emprunt étant de 24 millions et la garantie de 30. . . . 6,000,000

27,719,675

Le total des garanties spéciales devient dès lors :

	GARANTIE.	
	Revenu.	*Amortissement.*
Chemins de fer, revenu certain	12,500,000	»
Rentrées Mohabla, éventuel. . . .	»	425,000,000
Revenus indirects, certains. . .	27,719,675	»
Il reste à trouver.	39,219,675	425,000,000
Les sommes exigées étant. . .	74,500,000	800,000,000
	35,080,325	375,000,000

Ces sommes, il faudra les demander aux quatre seuls chapitres du budget qui restent non engagés, savoir :

Impôt foncier	101,782,575
Dîmes sur les dattiers.	3,218,287
Impôt personnel et patentes.	2,500,000
Impôt foncier des oasis.	178,312
	107,679,174

Mais si nous admettons les rentrées Nohabla, pour l'amortissement, nous sommes obligés d'en admettre aussi les conséquences, c'est-à-dire la réduction de l'impôt foncier, de 45 millions par an. Le surplus serait donc de 62 millions 1/2, sur lesquels le Gouvernement Égyptien devrait trouver les 35 millions de revenu qui manquent et 375 millions d'amortissement en trente ans. Cela revient à dire que les garanties spéciales sont insuffisantes de tout point, et que pour les parfaire, l'Égypte est obligée d'engager tous ses revenus, à tel point qu'il ne lui restera que 31 millions disponibles pour faire face aux dépenses du budget! Rien ne peut mieux garantir aux prêteurs l'assurance d'une prochaine et inévitable banqueroute.

CHAPITRE VI.

LE BUDGET ÉGYPTIEN.

Il nous paraît indispensable, arrivés à ce point, d'examiner la manière dont est établi le budget égyptien. Les éléments nécessaires nous sont fournis par les budgets de l'exercice 1869-70 et 1871-72, le budget intermédiaire nous faisant défaut, et celui de 1872-73 ne nous étant point parvenu en détail.

1° BUDGET DES RECETTES.

En réunissant les diverses taxes se rapportant à l'impôt foncier, autant qu'on peut le faire, en comparant deux budgets d'une rédaction absolument différente, nous voyons que la recette de l'impôt foncier, évaluée à 115,808,000 francs en 1869-70, tombe à 108,679,000 francs en 1871-72, soit une diminution de 7 millions. Quant aux droits accessoires sur les moutons,. huiles, location de terres publiques, ils ont décru de 4 millions à 1 million, soit une diminution de 3 millions.

Les douanes présentent aussi une diminution de 740,000 fr. 11,072,000 francs au lieu de 11,812,000.

Les recettes nettes des chemins de fer sont évaluées à 12,664,000 francs au lieu de 12,375,000, soit 290,000 francs d'augmentation. Les recettes du Soudan et des Salines sont portées pour le même chiffre.

Par contre, dans les octrois et recettes diverses, nous devons signaler une augmentation de 9 millions 1/2, qui les porte à 14,846,000 francs. Le revenu des fermages et écluses n'a pas sensiblement varié, 5,823,000 francs.

Toutes compensations établies, les recettes de 1871-72 présentent sur celles de 1869-70 une diminution de 1,155,000 fr. Or l'opération du Mohabla, qui réduit de moitié l'impôt foncier pour les propriétaires qui consentent à l'anticipation, n'est pas de nature à modifier pour l'avenir cette marche décroissante. Peut-elle être arrêtée au moyen de taxes nouvelles? Cela paraîtra bien difficile, si l'on songe que le budget de 1864 ne portait que 95 millions 1,2 de recettes, et que par conséquent l'accroissement d'impôts, bien plus que le progrès dans le rendement des taxes, a été de 69 millions en 8 ans, soit près de 70 pour 100. On peut présumer, sans beaucoup de témérité, que c'est la multiplicité des taxes nouvelles qui est la cause de l'amoindrissement dans le produit total. La puissance contribuable du pays est excédée, et en pareil cas, on ne doit compter que sur la décadence et non sur le progrès.

Il n'est pas indifférent d'ailleurs de savoir comment il est procédé à la perception de ces recettes.

L'impôt du sel a été affermé jusqu'en 1868 ; le produit s'en élevait alors à 4,500,000 francs, et les 1250 grammes (oque) coûtaient 0 fr. 52. En 1868, la ferme cessa, et le sel fut mis en régie, en taxant toute la population à une consommation de 9 oques (11 kilog. 250 grammes) par tête et par an, au prix de 0 fr. 26 l'oque.

C'était une contribution de 2 fr. 34 par an, pour un produit de première nécessité, qui coûte à peine 25 centimes.

Chaque maire de village reçoit autant de fois 9 oques, que sa circonscription renferme d'habitants « y compris l'enfant qui vient de naître. » Il en verse le prix à l'administration, en opère la répartition et en poursuit le recouvrement. C'est l'ancien système de la gabelle française; c'est le système employé par l'empire romain au moment de sa décadence pour toutes les taxes des municipes, et nous n'avons pas besoin de rappeler quelles en furent les conséquences dans les deux cas.

On devrait donc compter le produit de cet impôt à raison de 10 kil. par habitant pour 4,500,000 habitants, soit 45,000,000 de kilogrammes à 20 centimes pour 9 millions. Mais, outre que la production des salines et lacs n'est pas suffisante, et qu'il faut que le Gouvernement achète en partie le sel qu'il revend, les frais de perception en absorbent une grande partie; le produit des impôts égyptiens s'affaiblit prodigieusement dans son trajet de la bourse du contribuable à la caisse du Trésor. C'est, sans doute, pourquoi nous ne voyons figurer en recettes à l'article Salines et Lacs, que le chiffre de 3,937,000 francs, qui n'est pas tout à fait la moitié du rendement de l'impôt du sel, calculé d'après le tarif de la consommation forcée.

Quant aux recettes nettes du Soudan, on n'en connaît point la nature. Cependant, un extrait de voyage de sir S. Baker pourra en donner une idée suffisante, et les capitalistes français apprendront à connaître le genre d'exploitation qui se cache derrière le décor théâtral étendu entre Alexandrie, le Caire et Suez :

« En 1862, le gouverneur général du Soudan était Moussa-Pacha. Cet homme pouvait passer comme représentant d'une manière outrée les qualités qui distinguent les autorités turques. Jamais le Turc ne s'améliore. Le proverbe arabe dit que « l'herbe ne pousse jamais sous les pas des Turcs, » simple adage qui rend avec la plus grande exactitude le caractère de la nation. Le régime turc a pour accompagnement obligé la mauvaise administration, le monopole, le pillage et l'oppression. De son côté, le gouverneur général prend à pleines mains; les obstacles qu'il oppose au progrès servent à remplir ses poches : aussi entrave-t-il le commerce de mille façons, afin d'obtenir des primes de côté et d'autre.

« La taxe la plus lourde et la plus injuste est celle qui affecte le « saager » ou la roue à eau, au moyen de laquelle le fermier arrose le sol qui autrement serait stérile.

« La construction de cette roue est le premier pas dans les procédés de culture…. Aussitôt qu'un individu d'un caractère entreprenant a établi la roue hydraulique, on le taxe; mais ce n'est pas tout. Les percepteurs des contributions, soldats comme je l'ai dit, s'acharnent sur lui et exigent la remise d'un droit additionnel en nature, beurre, blé, légumes, moutons, etc. L'infortuné propriétaire est ainsi presque ruiné, et son industrie est devenue pour lui une véritable malédiction.

« Il ne faut donc pas s'étonner que l'aspect général du Soudan soit celui de la misère. On exporte de ce pays, à dos de chameau, le séné, les cuirs et l'ivoire, mais surtout la gomme arabique…; mais évidemment, dans les conditions actuelles, le Soudan n'a aucune valeur, puisque les ressources naturelles sont aussi nulles que son importance politique. Pourtant ce n'est pas sans motif que les Égyptiens s'en sont emparés, et ce motif subsiste encore aujord'hui : le *Soudan produit des esclaves.*

« Sans le commerce qui se fait sur le Nil Blanc, Khartoum cesserait à peu près d'exister ; et ce commerce n'a pour origine que le meurtre et la violence…. C'est à Khartoum que se tiennent les agents ou les acheteurs, prêts à payer en argent le prix des esclaves que les négociants d'ivoire y conduisent. Les acquéreurs sont presque tous des Arabes. Ensuite les esclaves sont dirigés vers différentes localités ; par exemple on en mène beaucoup au Sennaar, où ils sont vendus à d'autres agents qui les revendent aux Arabes et aux Turcs. Quelques-uns doivent traverser d'immenses distances pour se rendre à Souakim, à Massouah et à d'autres ports de la mer Rouge; d'ici on les expédie en Arabie et en Perse. On en envoie aussi une grande quantité au Caire[1]. »

Voilà la provenance des recettes du Soudan : c'est l'esclavage qui en fournit le principal élément.

Quant au budget de 1872-73, les recettes sont évaluées en bloc à 180,324,000 fr., soit une augmentation de 16 millions sur 1871-1872.

2° BUDGET DES DÉPENSES.

La liste civile, les apanages, le tribut de Constantinople sont maintenus pour 1871-1872 aux mêmes chiffres qu'en 1869-1870; il en est de même pour le ministère de l'intérieur et de la guerre; celui de la marine présente une diminution de 451,000 fr.; celui de la justice a été réduit de 1 million à 756,000 fr., sans doute pour faire prévoir ce qui arriverait si les gouvernements européens consentaient à l'abolition des capitulations. L'inspection des provinces est diminuée de 327,000, et les gouvernorats de 693,000, ce qui naturellement conduit les inspecteurs et gouverneurs à compenser par des extorsions la réduction de leurs appointements ou des crédits qui leur sont affectés. Les travaux publics sont augmentés de 170,000 fr., mais un chapitre nouveau consacre 14 millions 1/4 à la construction de canaux et ports. Il est vrai que quelques esprits chagrins prétendent que ce chapitre constitue une sorte de caisse libre, dont les fonds reçoivent une tout autre application.

Les dépenses de police présentent une augmentation de 655,000 fr.; il faut dire que le service sanitaire du pèlerinage de la Mecque a la plus grande part de cette augmentation. L'instruction publique est diminuée de 165,000 fr.

---

1. Sir Samuel Baker, *le Lac Albert*, abrégé d'après la traduction de Gustave Masson par J. Belin de Launay, pages 8, 9, 10, 11, édition Hachette.

Quant aux pensions, de 393,750 fr. en 1869-1870, elles ont été élevées en 1871-1872 à 6,164,000 fr. Soit un accroissement de 5,770,000 fr. en deux ans.

Le pèlerinage de la Mecque exige 1,499,000 au lieu de 531,000 fr.

Le service de la dette consolidée exige 54,345,000 fr.

Le total des dépenses est de 144,430,875 fr. pour 1871-1872, au lieu de 132,503,737 en 1869-1870. L'augmentation est donc de 12 millions environ.

Le budget de 1872-1873 porte en dépenses 163 millions 1/2, soit sur 1871-1872 une augmentation de 9 millions.

Les excédants de recettes résultant de ces évaluations se formulent comme suit :

	Recettes.	Dépenses.	Excédant.
1869-1870	165,262,000	132,503,000	32,803,000
1871-1872	164,107,000	144,430,000	19,676,000
1872-1873	186,384,000	163,523,000	16,800,000

Ainsi l'excédant des recettes sur les dépenses va sans cesse en diminuant.

Et cet excédant n'existe que sur le papier, puisqu'en admettant que les évaluations des recettes soient confirmées par les produits, que celles des dépenses ne soient pas dépassées, le service de la dette flottante n'y est pas porté.

Or, nous avons vu que cette dette atteint, en ce moment, e chiffre minimum de 712 millions, au taux de 12 à 13 p. 100, sa dépense serait donc de 85 millions, de telle sorte que l'excédant de 1873, de 16,800,000 fr., deviendrait un déficit de 70 millions environ.

Ainsi s'explique ce phénomène, si étrange au premier abord, d'un gouvernement empruntant sans cesse, bien que son budget se solde en excédant. C'est que le budget, dont les détails ne subissent d'ailleurs aucun contrôle sérieux, est réellement en déficit, et ce déficit atteint le tiers des recettes. Ni l'Italie ni la Turquie n'ont jamais offert un pareil spectacle.

CHAPITRE VII.

LES CAPITALISTES FRANÇAIS.

Nous avons donné tous les chiffres que nous avons pu nous procurer sur la situation financière de l'Égypte, et montré la profondeur du gouffre ouvert en dix années par Saïd-Pacha et Ismaïl-Pacha, mais surtout par ce dernier.

On vient aujourd'hui nous dire que le nouvel emprunt, en remplaçant une dette flottante contractée au taux de 12 p. 100 par une dette consolidée à 8 p. 100, loin d'empirer la situation, l'allégerait au contraire. Nous ne savons si, parmi les capitalistes français, il s'en trouverait un seul qui consentît à une opération proposée dans ces termes :

« Votre voisin a hypothéqué tous ses biens pour une somme énorme, à un taux qui absorbe tous ses revenus et au delà. Prenez la place du premier créancier, consentez à prêter à un taux inférieur, et son déficit sera moindre. » Il répondrait évidemment que déficit moindre ne veut pas dire sécurité plus grande, et qu'il ne se soucie pas de débarrasser ce premier créancier des risques qu'il a courus, alors que le taux élevé auquel le prêt a été consenti, lui a permis de recouvrer une partie de son capital.

Telle est cependant l'opération qu'on se propose d'offrir sur le marché de Paris. Les banquiers, pendant les cinq années où il était interdit au Khédive d'émettre un emprunt public, lui ont, par des opérations partielles, et à un taux usuraire, prêté jusqu'à 538 millions, chiffre supérieur à la dette consolidée. Ils ont ainsi engagé toutes les ressources de l'Égypte à tel point qu'il est devenu impossible de servir les intérêts qu'ils réclament, le déficit va sans cesse croissant, le principal impôt est anticipé pour six ans. C'est le moment pour eux de réaliser leur créance en la cédant au public; elle est menacée dans le capital et les intérêts.

Quant à la consolidation, ceux qui croient, malgré les chiffres, qu'on peut consolider 712 millions 1/2 de dette flottante avec 625 millions d'emprunt, pourront réfléchir sur l'extrait suivant de l'*Egyptian Messenger* :

« C'est une chose admise par tout le monde que le principal canal d'écoulement du trésor Égyptien est Constantinople, avec ses innombrables dignitaires et fonctionnaires, en faveur desquels s'exerce la munificence, la générosité, et quelquefois même la prodigalité d'Ismaïl-Pacha ; d'après ces faits, nous ne sommes nullement étonnés d'avoir lu dans un journal qu'une portion du nouvel emprunt, qu'on dit avoir été conclu par le Gouvernement Égyptien, est destinée à payer les frais du voyage que doit faire le Khédive à Vienne, nécessairement avec la visite habituelle ou inévitable, ou peut-être deux visites dans la capitale de l'Empire Ottoman. Il est vraiment mille fois regrettable de voir semer tant d'argent dans le seul but de s'assurer la bienveillance d'hommes d'*État* d'un *État* que tout le monde sait n'être pas dans un *état* satisfaisant en ce qui concerne ses finances. »

En outre, les firmans coûtent fort cher, et nous n'avons pas vu figurer dans les opérations dont. nous avons fait le relevé le prix du dernier.

Il a cependant dû être lourd, si l'on en juge par les prérogatives qu'il concède au Khédive. Il confirme, en effet, tous les priviléges accordés jusqu'à présent au Gouvernement Égyptien relativement à l'administration du pays, et aussi le droit reconnu au Khédive, de conclure des traités de commerce avec les puissances étrangères ; il l'autorise à signer des conventions ayant pour objet de régler la situation des étrangers vis-à-vis du Gouvernement Égyptien (ceci a trait à l'abolition des capitulations, désignée sous le nom de réforme judiciaire) ; il autorise le Khédive à prendre toutes les mesures nécessaires pour la défense du pays, et à entretenir une armée sans limite de nombre, l'autorisation de la Porte n'étant plus nécessaire que pour l'acquisition de vaisseaux cuirassés. Enfin le Khédive a droit de contracter des emprunts sans en référer à la Porte.

C'est la souveraineté presque entière reconnue pour le Khédive. Combien l'a-t-il payée ? Le tribut de Constantinople a-t-il été doublé, comme le disent quelques journaux, ce qui ferait une dépense annuelle de près de 15 millions absorbant l'excédant calculé du budget ? Le prix doit-il au contraire être prélevé sur le produit de l'emprunt, et absorber ainsi une somme de 20 millions suivant les uns, 60 millions si l'on en croit d'autres ? Dans tous les cas, la consolidation serait largement entamée, ou le service des emprunts singulièrement compromis.

Les capitalistes français peuvent donc voir s'il leur convient de s'engager dans une semblable aventure, alors que suivant toute probabilité l'emprunt ne recevra pas la destination annoncée, au moins dans son intégrité.

Ils approfondiront la valeur exacte des garanties qui leur sont offertes.

L'insuffisance des garanties spéciales est évidente. Pour combler la différence, il faut prélever sur les revenus généraux, et la partie qui n'est pas engagée, loin de pouvoir supporter un prélèvement, laisse un déficit. Enfin le taux d'émission ne présente pas un avantage qui puisse compenser les risques courus.

Mais il y a la garantie morale des banquiers. Les maisons les plus importantes de Paris jugent l'affaire bonne et « saine » puisqu'elles y participent.

Cette assertion nous paraît discutable, et nous allons la discuter.

La responsabilité des intermédiaires a été depuis quelque temps mise en jeu à l'occasion d'un grand nombre d'emprunts étrangers. On peut se rappeler les emprunts Mexicains, dont le principal intermédiaire avait été le Gouvernement Français lui-même autorisant la souscription aux guichets des recettes générales ; l'emprunt Tunisien, qui n'a encore occasionné qu'un désastre partiel ; les emprunts Italiens, frappés d'une réduction de revenu ; les emprunts Espagnols et Autrichiens, qui sont dans le même cas ; les emprunts Turcs, qui ont provoqué en Angleterre des protestations si animées qu'il a fallu leur donner au moins une apparence de satisfaction. Nous le demandons, comment les banquiers chargés de ces émissions ont-ils compris leur responsabilité ? Ils ne se sont pas même faits les échos des réclamations des souscripteurs ; bien plus, on les a vus plus d'une fois traiter à nouveau avec les États qui avaient forfait à leurs engagements, et proposer de nouvelles souscriptions au public avant que les affaires en litige eussent reçu une solution quelconque.

C'est que les banquiers ne sont pas des intermédiaires chargés de traiter entre le Public et l'État emprunteur ; ce qu'ils offrent n'est plus à l'État, c'est à eux. Ils sont devenus, par des avances partielles et successives, créanciers pour une somme égale à celle qu'il s'agit d'emprunter, et c'est leur créance qu'ils vendent. La novation opérée, ils disparaissent, et cette novation du créancier, comme la novation du débiteur, a pour effet de laisser en présence les souscripteurs et l'État emprunteur, celui-ci beaucoup plus pauvre qu'avant, et n'ayant en réalité presque rien reçu sur le montant des souscriptions.

Telle sera la marche ultérieure de la grande opération égyptienne. Pour les premiers contractants, MM. Oppenheim neveu, Oppenheim Alberti, la Banque Franco-Égyptienne, comme pour la Banque Impériale Ottomane et la Société de crédit Ottoman, il ne s'agit que d'échanger les créances qu'ils possèdent sur le Gouvernement Égyptien contre des titres qu'ils vendent aux capitalistes français, avec un bénéfice dont nous avons montré l'importance. Pour les coadjuteurs, comme la Société Générale, la Banque de Paris et des Pays-Bas, et, dit-on, le Crédit Lyonnais, l'opération est plus simple encore : il leur suffit de placer à 86 des fonds achetés à 75 et même au-dessous.

Certes, dans ces conditions, l'affaire peut et doit leur paraître saine et profitable, et les capitalistes convoqués pour la souscription peuvent bien être assurés qu'elle n'a pas été envisagée à un autre point de vue. La consolidation ? Qui donc en doutera dans le public, qui sait à peine ce qu'est la dette flottante de l'Égypte? Les garanties? Qui donc se donnera la peine de les chiffrer, lorsqu'on a la parole du Khédive endossée par ses créanciers? Le service de l'emprunt? N'est-il pas assuré, puisqu'il y a déficit constant, et déficit croissant?

Capitalistes français, jetez votre épargne à l'Égypte. S'il y a perte, l'Indo-Egyptian Bank, l'Anglo-Egyptian Bank, le Crédit général ottoman, la Banque ottomane et MM. Oppenheim vous rembourseront. Vous ne le croyez pas? Ni nous non plus, et eux encore moins.

Ils se réserveront seulement la faculté, lorsque le service de l'emprunt sera compromis, d'avancer, à 12 ou 13 1/2 pour 100, l'argent nécessaire au payement du coupon du 7 pour 100[1], et cela sur des garanties qui primeront les vôtres, jusqu'au jour où, sentant le terrain manquer sous leurs pieds, ils imiteront les rats qui abandonnent la maison chancelante, et vous laisseront seuls en face de l'Égypte, que le Khédive quittera peut-être en même temps qu'eux.

---

1. Fin novembre 1872, le Divan Mohabla a traité diverses opérations avec des banques d'Alexandrie, pour 15 millions de francs, qui devaient être versés à Londres la veille du payement du coupon et du tirage de l'emprunt Vice-Roi 1866, contre traites de Malech payables le 6 janvier 1874, à Londres, moyennant 13 1/2 pour 100 l'an. On voit ce que peut coûter le service d'un emprunt.

CHAPITRE VIII.

CONCLUSION.

Il est de mode, quand on parle de l'Égypte, d'insister longuement sur l'avenir qui s'ouvre devant elle. Nous doutons fort de l'avenir politique d'un pays dont la situation financière est pire que celle de l'Italie, de l'Espagne et de la Turquie, et qui se trouve endetté au delà de ses ressources probables, à tel point qu'il anticipe sur ses impôts, qu'une population épuisée peut à peine payer aux époques régulières. Nous avouons d'ailleurs notre incompétence dans certaines questions. Le Khédive veut conquérir l'Abyssinie, que l'Angleterre a abandonnée après l'avoir vaincue ; il a des vues sur le Yémen ; les marchands d'esclaves lui servent de pionniers au delà de Khartoum jusqu'à Gondocoro, et cherchent à profiter des travaux des missionnaires et des martyrs de la science géographique pour promener le pavillon turc jusqu'aux grands lacs Victoria, Albert et Tanganyika. Le traité de 1840 qui garantit l'autonomie de l'Égypte, a été modifié par une série de firmans arrachés à la faiblesse d'Abdul-Medjid et d'Abdul-Aziz, ou payés à l'avidité de leur divan ; le commandeur des croyants a été jusqu'à violer en faveur d'Ismaïl-Pacha la loi du Coran, qui fixe l'ordre de succession au trône, et lui a conféré ainsi un droit qu'il ne possède pas lui-même : tout cela pour que l'Égypte entrât dans le concert européen, malgré la polygamie qui n'est pas même tolérée par les États-Unis chez les Mormons, malgré l'esclavage contre lequel toute l'Europe proteste, on sait avec quelle énergie.

Ce sont là des considérations tout à fait secondaires pour le moment en ce qui nous concerne. Des événements récents nous ont prouvé que ce ne sont pas ceux à qui la France prodigue son or et son sang sur l'alliance desquels elle peut compter, et la conduite du khédive d'Égypte, immédiatement après nos revers, démontré qu'il serait dangereux pour nous de travailler à accroître sa puissance, si les emprunts répétés qu'il fait à notre épargne pouvaient atteindre ce but. Que ce Napoléon Africain conçoive aux heures du kief les rêves de Sésostris, cela ne nous regarde pas.

Nous avons à songer que cinq milliards viennent de sortir de France ; que le budget est écrasant et comprend des taxes telles que le travail de la masse ne pourra les supporter, si le travail, l'industrie et le commerce ne trouvent pas en abondance les capitaux disponibles ; que l'industrie française présente des placements non-seulement plus sûrs, mais aussi plus avantageux que cet emprunt, qui ne consolidera que le bénéfice des banquiers cosmopolites abattus sur la terre d'Égypte comme une nuée de sauterelles dévastatrices. L'argent français doit rester en France, et pour longtemps ; car tandis qu'on nous propose des aventures d'une audace pyramidale, l'Angleterre et l'Allemagne vont sur tous les marchés, où nous avons la prédominance par l'émigration et le commerce, neutraliser par la diplomatie et le crédit les efforts de nos nationaux. La décadence s'accuse par des symptômes faciles à constater, et qui devraient provoquer de la part de nos Sociétés de crédit une initiative nationale, patriotique, si trop souvent ces établissements, qui ne font crédit qu'à l'étranger, et auxquels le public français fait crédit de tous ses capitaux, n'étaient absolument aux mains de syndicats sans nationalité, sans patrie, et qui n'ont d'autre pensée que d'accumuler des bénéfices rapides, sans se donner la peine d'avoir une idée à eux ou d'examiner celles des autres.

Il n'y a plus rien à faire en France, disent-ils impudemment, après avoir, en dix ans, enlevé six milliards d'économies à la France pour les engloutir dans les spéculations les plus hasardeuses, et cela quand partout en France on signale des chemins de fer à construire, des canaux et des ports à creuser, des charbonnages et des gîtes métallifères à exploiter. Il n'y a plus rien à faire en France, rien que d'achever l'œuvre de la Prusse, dont quelques-uns de ces banquiers sont les alliés dévoués, comme le Khédive est devenu son ami ; rien que de presser encore le citron pour en extraire les dernières gouttes de jus ; rien que de verser à un État déjà en faillite la somme nécessaire pour que les fauteurs de la faillite se retirent indemnes. Il n'y a plus rien à faire en France, si ce n'est de pousser jusqu'au dernier degré l'agiotage effronté qui a déjà fait tant de victimes, et donner à ces opérations incomprises du public une telle proportion qu'elles échappent à l'action des lois, et ne puissent jamais que recueillir les écus, comme tant d'autres qui défilent en ce moment devant la police correctionnelle sans échouer sur les mêmes bancs. On se rend justiciable de la diplomatie : voilà la responsabilité que l'on accepte.

Nous ne pouvons invoquer contre ce malheur imminent et inéluctable qu'une autorité, celle du ministre des finances. Il peut interdire l'accès du marché français à cette émission qui cherche d'ailleurs à éviter la discussion ; il le peut, et nous croyons que jamais devoir ne s'est plus impérieusement imposé à celui qui a l'honneur de diriger les finances françaises.

Nous craignons cependant que notre adjuration ne reste sans réponse.

Les malheurs occasionnés par les souscriptions que M. Magne a tolérées ne lui ont pas semblé jusqu'ici un enseignement suffisant.

Espérons au moins que le public en jugera autrement, et qu'il résistera à cet appel, dont nous avons essayé de démontrer le véritable caractère.

Enfin, s'il le faut, puisque les bénéfices des banquiers dans cette opération est de 44 millions, qu'on les prenne à la

Banque et qu'on les leur donne: cela vaudra mieux que de leur permettre de les gagner par une combinaison qui fera perdre aux souscripteurs absolument tout ce qu'ils auront versé.

T. FAUCON

25 juillet 1873.

————————

Au moment où nous mettions sous presse, l'annonce officielle vient de paraître, annonçant la souscription pour le 29 et le 30 juillet. Nous avons introduit dans notre travail les principales modifications fournies par ce document, qui ne change en rien nos appréciations ni nos conclusions. Nous croyons seulement avoir été beaucoup *trop modérés* dans l'évaluation des bénéfices des banquiers, qui seraient, d'après certains calculs, de 80 millions.

DOCUMENTS CONSULTÉS

Almanach de Gotha. Budgets.

Journaux égyptiens. Le Nil, l'Egyptian Messenger, le Moniteur Egyptien.
Tableaux financiers.

Voyages en Afrique. S. Baker, Speke et Grant.

TABLE DES MATIÈRES

Typographie Lahure, rue de Fleurus, 9, à Paris.

www.ingramcontent.com/pod-product-compliance
Ingram Content Group UK Ltd.
Pitfield, Milton Keynes, MK11 3LW, UK
UKHW021643090726
13657UKWH00004B/1725